TRIC-Y-TRAC 3

gan
Lynette Jones

Cyflwyniad

Yn y gyfrol hon, sy'n un o set o dair (Tric-y-Trac 1, Tric-y-Trac 2 a Tric-y-Trac 3) ceir cyfres o ymarferion tracio wedi'u strwythuro.

Maent yn datblygu'r sgiliau canlynol:

> Canfyddiad clywedol
> Ymestyn geirfa a dealltwriaeth
> Canfyddiad gweledol
> Cywirdeb
> Canolbwyntio
> Dyfalbarhad
> Cyflymdra/ruglder
> Sillafu
> Darllen
> Hunanhyder
> Ymwybyddiaeth o etifeddiaeth

Mae'n bosibl defnyddio'r ymarferion gydag unigolion neu gyda grŵp o blant.

Pa offer sydd eu hangen?
> Taflen dracio
> Aroleuwr
> Amserydd tywod/Oriawr amseru

Y Dull

Yr athro/athrawes i:

> Ddarllen ac esbonio'r darn/rigwm
> Sicrhau bod y plentyn yn dechrau ar y chwith ac yn tracio fesul gair, fesul llinell
> Amseru a chywiro

Bydd y plentyn yn dechrau, dan gyfarwyddyd yr athro/athrawes, trwy bwyso ar fotwm yr oriawr neu droi'r amserydd tywod.

Mae'n bwysig bod y plentyn yn dilyn y darn/rigwm gyda'i fys ac yn tracio gyda'i aroleuwr. Pan ddaw ar draws y gair cywir, gall y plentyn ei aroleuo.

Caiff yr amser a'r cywirdeb eu nodi ar waelod y daflen.

Mae yna elfen gystadleuol i'r gweithgaredd, lle mae'r plentyn yn ymdrechu i wella amser a chywirdeb.

Y nod yw y bydd y plant yn dyfalbarhau hyd ddiwedd y dasg, gan ddatblygu hunanhyder a phrofi llwyddiant wrth weithio trwy'r llyfr.

Gwlad, gwlad, pleidiol wyf i'm gwlad,
Tra môr yn fur i'r bur hoff bau,
O bydded i'r heniaith barhau.

Gwal,	Gad,	gwlad,	Gwlad,	Gweld,
glaw,	dlawd,	gwlad,	pedol	pleidio
pleiollais	pleidiol	Deiniol	fwy	wyf	wyt
i'r	i'm	i'n	gwlad,	dwad,	glaw,	Tro
tra	Tra	Tan	mor	môr	lôr	yn	yr
fyr	fur	rif	fi'r	i'r	i'n	dur	pur	bur
bum	hoff	haf	rhof	bai,	bae,	bau,
pau,	dau,	o	O	dyddiad	dyled
bydded	i'n	i'r	heniaith	hebiaith	heriaith
parhau.	barhau.	darnau.

Ein Tad, yr Hwn wyt yn y nefoedd,
sancteiddier dy Enw. Deled dy Deyrnas, gwneler dy
ewyllys, megis yn y nef, felly ar y ddaear hefyd.

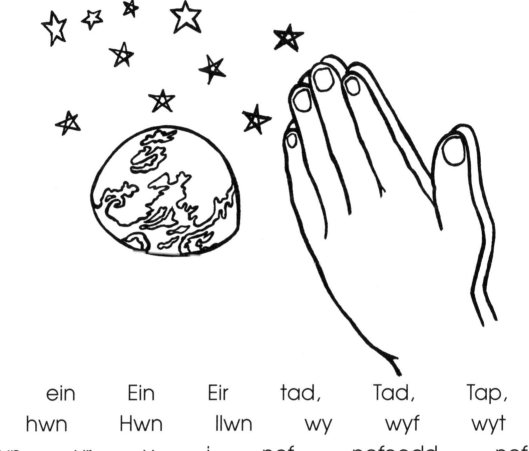

Eni	ein	Ein	Eir	tad,	Tad,	Tap,	yn
yr	hwn	Hwn	llwn	wy	wyf	wyt	wy
yn	yr	y	i	nef,	nefoedd,	nefol,	
sancteiddier		sanctaidd		sancteiddie'r		yd	dy
enw.	Enw.	d'enw.		deled	Deled	yd	
dy	Teyrnas,	Deyrnas,		deyrnas,		gweler	
gwel	gwneler	gweled		dy	yd	wyllys,	
ewythr,	llewys,	ewyllys,		megin	megis	yn	
yr	y	a	nef,	ef,	llef,	fel	felly
am	ar	y	i	o	gaer	gaeaf	ddar
ddaear	daear	daer		hefyd.	hebyd.		
		helyd.					

Dyro i ni heddiw ein bara beunyddiol. A maddau i ni ein dyledion, fel y maddeuwn ninnau i'n dyledwyr.

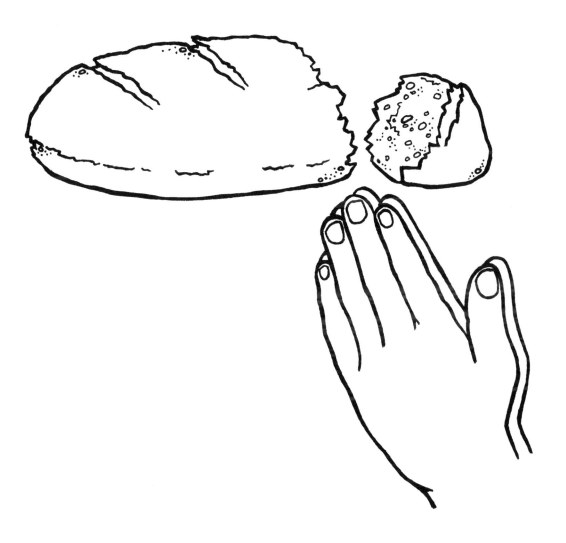

Dyred   Dyro   dyro   i   mi   hi   ni   hedd
    heddiw   heddwch   ei   ein   barc   para
bara   daro   beunyddiol.   beynydd.   deunydd.
    a   A   meddai   madfall   maddau   ddau
    i   hi   ni   eni   ein   dyledion,   dyled,
dlodion,   lef   fel   felly   y   i   maddeuwn
neddwn   innau   minnau   ninnau   ninne   i'm
        i'n   dyled.   dyledwr.   dyledwyr.

Amser .... gwall

3

Ac nac arwain ni i brofedigaeth; eithr gwared ni rhag drwg. Canys eiddot Ti yw'r Deyrnas, a'r nerth, a'r gogoniant, yn oes oesoedd. Amen.

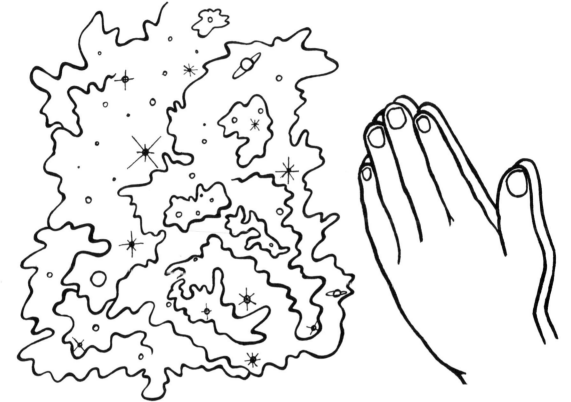

ac	Ar	Ac	na	nacw	nac	nad
afwain	awrain	arwain	hi	ni	i	i'r
	drofedigaeth;		profedigaeth;		brofedigaeth;	
brodwaith;	eithr	rith	gwaeled	gwarel
pared	gwared	hi	ni	i'n	rhag	rhad
rheg	hagr	ddrwg.	drwg.	dwr.	Canu
Canys	canys	eiddo	eiddot	eiddof	Fi
ti	Ti	yw'r	wy'r	deyrnas,	Deyrnas,
cynfas,	ar	a'r	â'r	a'n	nerth,	werth,
perth,	ar	a'r	gogogoniant,	gogoniant,
goniant,	hyn	yn	oes	eos	oesoedd.
	aesoedd.	Amen.	Awen.

Gwna fi yn addfwyn fel Tydi
Wrth bawb o'r isel rai;
Gwna fi yn hoff o wrando cwyn,
A hoff o faddau bai.

Gwn	Gwna	Gan	Gawn	gwna	ti	hi
fi	yn	yr	dadfwyn	addfwyn	tel	fel
lef	tydi	Tydi	wrth	Wrth	pawb	bawd
baw	bawb	babu	a'r	o'r	oer	sel
ised	isel	iar;	rhai;	rai;	air;	gwna
Gwna	Gawn	ti	fu	fi	yn	yr	holl
haf	hoff	o	a	rawndo	wrando
wranda	cwyn,	rwyn,	wyn,	nwy,	cwyr,
A	a	holl	hoffi	hoff	o	a	feddau
faddau	fathau	faddon	bae.	bai.	bia.
pai.

Mynd i'r ardd i dorri pwysi,
Pasio'r lafant, pasio'r lili,
Pasio'r pinc a'r rhosys cochion,
A thorri pwys o ddanadl poethion.

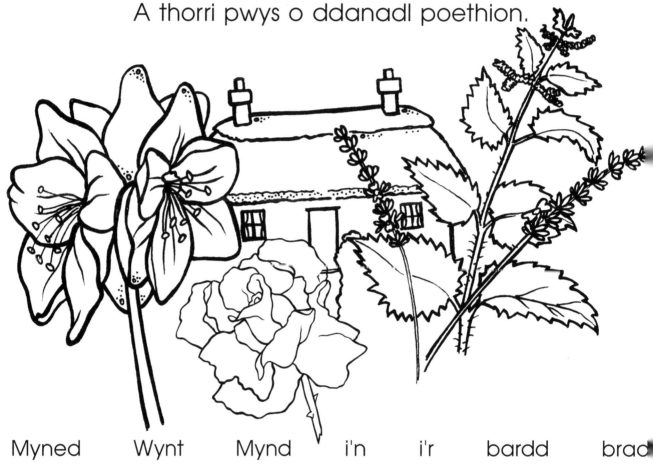

Myned	Wynt	Mynd	i'n	i'r	bardd	brad
arad	ardd	i	!	doli	bori	dorri	dani
pori	piws,	pwy,	pwys,	pwysi,	dwys,
bwys,	Rasio'r	Pasio'r	pasio'r	llyffant,
lafant,	pasio'n	pasio'r	lli,	lili,	pasio'r
Pasio'r	Pasia'r	binc	tinc	pin	pinc	o'r
a'r	a'n	rhosyn	rhosys	rhasys	poethion,
cochion,	collion,	Y	A	torri	phori
thom	thorri	pwys	bwys	dwys	pwy	o
a	anadl	ddannodd	ddanadl	doethion.
		poethion.

Robin goch ar ben y rhiniog
Yn 'mofyn tamaid heb un geiniog;
Ac yn dwedyd yn ysmala,
"Mae hi'n oer, fe ddaw yr eira."

| Bobin | Robin | Rodin | gath | gloch | goch |

m   ra   ar   ber   pen   ben   yr   y   ry

rhiniog   ginio   triog   hiniog   Ym   Yn   Yr

'mochyn   'gofyn   'mofyn   jam   tannau

tamaid   damaid   hedd   yet   helo   hep

heb   i'n   yn   un   ni   ceiriog;   gegog;

deiniol;   geiniog;   Ac   Ha   Ar   yn   hyn

weud   ddwedyd   dwedyd   dywedir   yn   ym

ysmygu,   ysmola,   ysmala,   smala,   "Wae

"Mae   "Mai   hei   hun   hyn   hi'n   hi'r

hir   oer,   oen,   aer,   fe   te   be   ef

baw   dda   wadd   ddaw   ddaw'r   ddawn

yn   yr   ein."   air."   eira."   ceir."

Diofal yw'r aderyn,
Ni hau ni fed un gronyn;
Heb un gofal yn y byd,
Ond canu ar hyd y flwyddyn.

Diafol	Diofal	Diafal	wy'r	yw'r	yw'n
dderyn,	adain,	aderyn,	adre,	Hi	Ni
Mi llau	ham	hau	mi	ni	hi fedd
ted fed	yn	un	gron;	ronyn;	gronyn,
Neb Heb	Hed	un	in	yn	gafel
olaf ofal	gofal	hyn	yn	y yr	dydd
byd, bydd,	Don	Ond	cnau	canu	
am at	ar	hyd	hud	y h	g
flwydd. blwyddyn.	llwyddyn.	flwyddyn.			

Canu wnaf a bod yn llawen,
Fel y gog ar frig y gangen;
A pheth bynnag ddaw i'm blino,
Canu wnaf a gadael iddo.

Cannu	Camu	Cau	Canu	Cnau	haf	wna
naf	wnaf	a	o	dod	pob	bod	bob
yn	hyn	llawn,	llawen,	llaw,	wella,	Pel
Fel	Tel	Hel	y	i	cog	dod	gog
ogo	am	ar	gryf	frig	fry	frif	i
y	cangen;	gengen;	gangen;	Y	A	peth
pheth	beth	phet	dyna	dyma	bynnag
daw	baw	dda	wadd	ddaw	dwad	i'm
'w	blin,	onid,	dino,	blino,	Can	Camu
Dan	Canu	Caru	wna	wnaf	naf	a
i	dadael	gadael	galed	oddi.	iddo.

Amser .... gwall

9

Yr wylan fach adnebydd
Pan fo'n gyfnewid tywydd,
Hi hed yn deg ar aden wen
O'r môr i ben y mynydd.

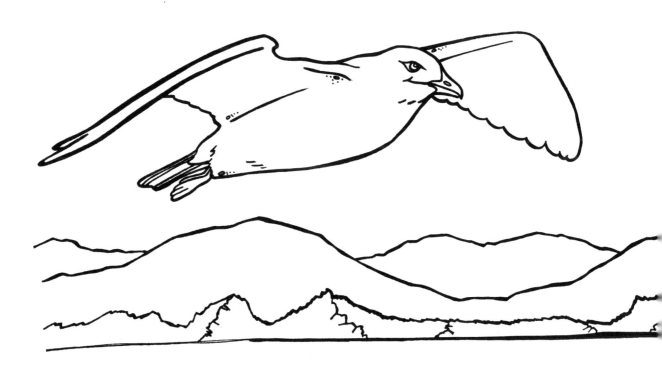

Yr	Y	A	wy	lan	wyl	wylan	wylo'i
fath	cath	fach	bach		adenydd		adnebydd
Ban	Pan	Dan	to'n		bo'n	ffo'n	fo'n
gyfnewid	cyfnewidiol		cyfnewid		wydd		tyddyn,
bywyd,	tywydd,	Ni	Fi	Hi		hed	beth
hep	hedd	ny	yn	un	dig	ceg	deg
ged	ac	ar	eden	eben		adan	aden
dden	we	men	wen	O	O'r	O'n	mor
môn	morio	môr	i	!	be	ber	ben
	neb	y	i	yr	menydd.	mynydd.	

Y fuwch fach gota,
P'un ai glaw ai hindda?
Os daw glaw, cwymp o'm llaw;
Os daw haul, hedfana.

	Y	A	buwch	fwch	fuwch	fath	bath
fach	foch	ach	guto,	goffa,	gota,	gofa,	
P'an	P'un	Prun	a	i	ia	ai	law	alaw
wal	glaw	traw	braw	ia	i	ai	a	oi
ynddo?	handi?	hindda?	hindde?	Os	So		
O'r	baw	da	dwad	daw	wad	wal,	
gwal,	glaw,	glew,	pump	cwymp	gwymp		
cwympo	o'n	o'm	baw;	wall;	llaw;		
taw;	ffaw;	Os	Dos	baw	daw	dwad	
tail,	hau,	haul,	llau,	hedfana.	hedfan.		
hedfanaf.							

Dau bry' bach yn mynd am dro,
Un ar y wal ac un dan y to,
Un pry' bach yn gwneud camp fawr,
Cerdded ar y wal â'i ben i lawr.

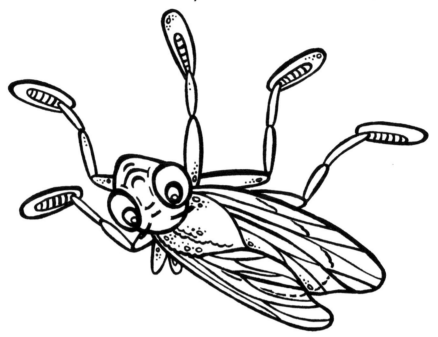

Ddu   Dall   Dail   Dau   Dai   dry'   pry'   bry'
   gry'   bath   bech   bach   yr   ym   yn
   mend   mynd   mam   aw   ar   am   ann
   bro,   daro,   rod,   dro,   dra,   Yn   Un   at
   ar   car   y   e   i   wel   law   wal   wael
   ca   ag   ga   ac   ar   un   ni   hu   dan
don   clau   y   i   e   fo,   ffo,   to,   do,   ho
   Un   Yn   dry'   pry'   bry'   gry'   bech   bath
   bach   yn   ym   dweud   ngwneud   gwneud
gwenu   map   pam   pac   cap   camp   fawn
   fawr,   ffair,   Cerdded   Cered   Carreg   ar
   am   y   i   law   wal   â'r   â'u   â'i   neb
   den   ben   bren   i'r   i   law.   awr.   lawr.

Llawn yw'r môr o heli a chregyn,
Llawn yw'r wy o wyn a melyn,
Llawn yw'r coed o ddail a blodau,
Llawn o gariad ydwyf innau.

lawer	Llanw	Llawr	Llawn	lawn	yr	yw
w'r	morio	mor	môr	o	a	hei	thei
hel	heli	a	i	o	chregyn,	cegin,
lawn	Llanw	Llamu	wy'r	yw'r	wy	wyf
dwy	o	a	wy	· wyn	a	o	melin,
melyn,	merlyn,	Llanw	Llawr	Llawn	ryw
wy'r	yw'r	oed	doed	coed	o	a	i
ddial	llaid	ddail	a	e	y	blodyn,
bioden,	blodau,	bodiau,	Llan	Llawn	o
a	gariad	ganiad	ydw	dwyf	dydwyf
ydwyf	ydwyt	inne.	ninnau.	iau.	innau.

Amser .... gwall

Tlws yw blodau'r eithin,
Tlws yw bron y robin,
Tlws yw tonnau mân y nant,
A thlws yw plant yn chwerthin.

Hws	Tlws	Uws	ym	yw	dlodau'r
blodau'n	blodau'r	eisin,	eithir,	eithin,	Tlw
Llws	yw	ym	bran	bron	gron	y	y
rodin,	nodyn,	robin,	Piws	Tlws	ym	yw
tannau	tonnau	brân	mân	cân	y	i
yr	sant,	pant,	nant,	A	Y	ddrws
thus	thlos	thlws	ym	yw	phant	thant
planed	plant	dant	ym	yn	chwerthin.
		gwerthu.			

Dyn sy'n hau a dyn sy'n medi,
Duw sy'n peri i'r gwenith dyfu.
Oni bai fod Duw'n rhoi'r fendith,
Dan y gŵys fe bydrai'r gwenith.

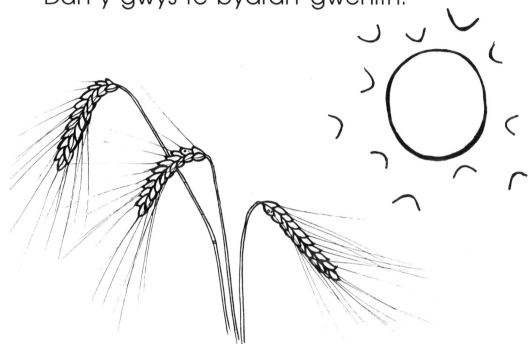

Dynn	Dyrr	Dyn	syth	sych	sy'n	sy'r
ıaul	hou	han	hau	hon	a	o	don
dyn	dan	sy'r	syth	sy'n	wedi,	medd,
dime,	medi,	Diw	Duw	Dau	syth	sy'n
ˉaru	peri	peru	i'r	a'r	o'r	gwen	wenith
˛waith	gwenith	lyfu.	llyfu.	dyfu.	dyfn.	Ond
Ci	Oni	dai	bae	pa	bai	bia	pia
bod	dof	top	foch	fod	fodd	Puw'n
Dwy'n	Duw'n	Duw	roi'r	rhy'r	rhuo'r
rhoi'r	fendith,	bendith,	tendith,	llefrith,
Dan	Ban	Dau	yr	i	y	gŵyr	gŵys
te	fe	fo	bydrai'r	byddai'r	bendith.
			wenith.	gwenith.	

Hen fenyw fach a basged o wye,
O Landeilo i Landybïe,
Ar y bont ar bwys Llandybïe
Cwmpodd y fasged a lawr ath y wye.

Aen	Aeth	Hen	Her	Hon	fyw	fewn
fenyw	menyw	fath	fach	bach	tach
a	o	fasged	basged	dasgie	o	a
wy,	wye,	wyau,	o	O	Landeilo
Landilo	landilo	Llandeilo	i	y	e
Llandybie,	Llandybïe,	Landybïe,	ar	Ar
Am	y	h	pont	bant	bont	dant	a
a'r	pwys	bwys	pwy	bwy	Landybie
Llandybïe	Cwmp	Pwmpodd	Cwympodd
Cwmpodd	Gwmpodd	y	i	fasged	tasg
basged	a	o	awr	baw'r	lawr	ath
a'th	af	y	yr	g	wy.	wyau.
gwyddau.	wye.	we.

Mae hen wlad fy nhadau yn annwyl i mi,
Gwlad beirdd a chantorion, enwogion o fri,
Ei gwrol ryfelwyr, gwladgarwyr tra mad,
Tros ryddid collasant eu gwaed.

Mai   Ma   Mae   Wae   nen   pen   hen   nhe

val   dlawd   wad   wlad   ty   yf   fy   nodau

ۀhadau   nhadau   thadau   yr   yn   ny   anwyl

anhwyl   annwyl   i   y   mi,   im,   ni,   hi,

gwlad   Galwad   Gwlad   Gwaed   bardd

ۀeirf   beirdd   bwrdd   a   y   e   chaneuon,

chant,   chantor,   chantorion,   enwog

enwogion   a   o   tri,   fri,   rif,   hi,   hir,

le   ei   Ei   gwr   gawrol   gwrdd   gwrol

bwrdd   ryeddwyr,   rheolwyr,   ryfelwyr,

gwlangarwyr   gwladganwyr   gwladgarwyr   thra

tra   tua   tro   mad,   nad,   rhad,   Tro   Tras

tros   Tros   dydiad   rhoddi   ryddid   codasant

codant   collasant   ei   ein   eu   ne   gwead.

gwaed.   gwared.

Pero, Pero, ci bach tlws,
Rhedodd gynnau at y drws.
Cysgu yno roedd y gath -
Neidiodd Pero bedair llath -
Dyna helynt heb ei bath!
Pero, Pero, ci bach tlws -
Ni ddaw eto at y drws.

Poer,	Per,	ber,	Pero,	Pori,	Dere,	Pero,	ai
a	ci	di	gi	bath	dewch	da	bach	bech
boch	ffws,	twls,	tlws,	Redodd	Rhedeg
Rhedodd	Rhed	Rhodiodd	Rhoddodd	gemau
gynne	gyrrau	gynnau	at	af	ta	y	h	pwrs
bwrs.	dros.	drws.	Dysgu	Cwsg	Cysgu
Cysegr	Cymysgu	yn	hon	yno	yna	rodd
roedd	doedd	roed	y	yr	gat -	bath -
gath -	Neidio	Neidiodd	Heidiodd	Poer	Sero
Pero	pedair	boddi'r	bedwar	bedair	llall -
fath -	lladd -	llath -	llaeth -	Dyma	Dyna
heltyn	helynt	neb	hed	heb	ie	ei	ci
bach!	bant!	bath!	dath!	Dero,	Peno,
Pero,	Pero,	Poer,	ai	ia	ci	ni	boch
bach	bath	twls -	dlws -	tlws -	Mi	Hi	N
dda	ddaw	dwad	bawd	efo	eto	af	ta
at	ar	y	i	e	brws.	pwrs.	drws.

Gwyn fel yr eira
Du fel y frân
Pinc fel y rhosyn
Coch fel y tân
Llwyd fel y wiwer
Melyn fel yr haul
Glas fel yr awyr
Gwyrdd fel y dail

Cŵyn	Cŵyr	Gŵyr	Gwŷr	Gwyn	Emyn	fel
ef	bêl	tel	yr	yn	ym	eira	cura	ceir
ʒu	Du	Da	Do	tel	bêl	lef	fel	y	i
tân	tren	fron	frân	Sinc	Pinc	Dinc	lef
fel	y	e	rhosod	rhosynnau	rhosyn	Coch
Boch	Goch	Cocl	fel	lef	yr	y	fan
fân	tan	tân	Llwy	Clwyd	Llwyn	Llwyd
fel	wel	e	i	y	memer	wiwer	Telyn
Melin	Melyn	hêl	fel	fêl	yn	yr	hael
hau	haul	Glos	Clos	Glas	lef	fel	ym	yr
awr	wyr	awyr	Cwrdd	Gwraidd	Gwyr
Gwyrdd	tel	fel	yn	yr	y	llaid	dall
ail	dail

Bachgen bach o dincer
Yn myned hyd y wlad,
Cario'i becyn ar ei gefn
A gweithio'i waith yn rhad;
Yn ei law roedd haearn,
Ac ar ei gefn roedd bocs,
Pwt o getyn yn ei geg,
A than ei drwyn roedd locs.

bachgen	Bach	Bachyn	Bachgen	bach	bath
flach	o	a	pincer	dincer	bincer	yn	Yn
Ym	mynd	mlynedd	myneb	myned	hud	hyd
byd	y	wal,	wlad,	dlawd,	Caru'i	cario'i
Cario'i	Cario'u	begyn	pecyn	becyn	am	ar
eu	ei	ci	gefn	nghefn	gen	A	a	H
weithiau	teithio'i	gweddio'i	gweithioi	gweithio'i
maith	waeth	waith	weithiau	yn	ym	yr	rad
had;	rhod;	rhad;	rhag;	yn	Ym	Yn	Yr	eu
ei	ci	wal	llaw	llam	law	lam	roedd	oedd
ham,	daear,	haearn,	harn,	ac	Ac	ar	ra
eu	i	ei	gafr	dafn	gefn	drefn	oedd
roedd	blocs,	bocs,	bocsys,	Bwt	Dwt	Pwt
Twp	o	a	gytun	gethyn	getyn	yn	ny	i
er	ei	deg,	geg,	A	a	than	tan	thân
thant	ei	ie	brwyn	dwyn	drwy'r	dewin
drwyn	roedd	roidd	roed	cols.	clocs.	locs.
		loes.				

Didoli siapiau, gwrthrychau neu symbolau yn ôl eu lliw, maint, a.y.y.b.

Paru siapiau, gwrthrychau neu symbolau

Trefnu yn ôl maint

Pa un sy'n wahanol?

Beth sydd ar goll?

Chwilio am un tebyg

Chwilio am wrthrychau, llythrennau neu siapiau cudd

Nodi gwahaniaethau rhwng dau ddarlun

Cwblhau darlun – adlewyrchiad neu batrwm cymesurol

Copïo patrwm

Gwahaniaethu rhwng llythrennau tebyg, e.e. b/d/p; n/u; m/w

Gwahaniaethu rhwng geiriau tebyg, e.e. cip/cap; top/pot

Didoli geiriau yn ôl eu patrwm gweledol – blaenorol, canolog, terfynol (gweler *Cymorth o'r Cwm, O Gam i Gam, Pitrwm Patrwm*)

Sylwi ar batrwm gweledol mewn rhyddiaith a cherddi, neu yn eu gwaith ysgrifennu eu hunain, e.e. cyflythrennu, unedau sain cytseiniaid neu lafariaid clwm

Rhoi gwrthrychau ar hambwrdd ac **a**) eu cuddio a'u cofio neu **b**) tynnu un ymaith a gofyn beth sydd wedi diflannu

Ymarferion tracio

Drysfeydd

Adnabod llythrennau er bo'r ffont yn wahanol (cylchgronau neu bapurau dyddiol yn ddefnyddiol)

Chwileiriau

Cyfateb geiriau â siapiau, e.e. dyn   deg

baw   wy

Gêmau, e.e. *Snap, Bingo, Domino, Tumba, Blink, Tantrix, Jenga, Cadeiriau, Gêmau'r Parot Piws* (enghraifft o gatalog defnyddiol yw *The Happy Puzzle Company*)

Cydnabyddiaethau

Cyhoeddwyd gan CAA, Prifysgol Cymru Aberystwyth, Yr Hen Goleg, Stryd y Brenin, Aberystwyth, SY23 2AX (http://www.caa.aber.ac.uk). Noddwyd gan Lywodraeth Cynulliad Cymru.

ISBN   978-1-84521-280-3

Golygydd: Gwenda Lloyd Wallace
Arlunydd a dylunydd: Andrew Gaunt
Argraffwyr: Argraffwyr Cambria

Diolch i Siân Powys, Beryl Williams a Julie Williams am eu sylwadau gwerthfawr.